Petra Postert • Jens Rassmus

WANN SIND WIR ENDLICH DA?

Für Papa Dirk & Sohn Henry
IMMER GUTE REISE!

Petra Postert
ME 30/V/2020

TULIPAN VERLAG

»Wann sind wir da?«, fragt Jim.
»Wenn du geschlafen hast«, sagt Papa.

»Ich hab geschlafen, Papa. Sind wir jetzt da?«
»Du hast zu kurz geschlafen, Jim. Viel zu kurz.«
»Aber es riecht schon nach Frühstück!«
»Das ist mein Kaffee. Den brauch ich, damit ich nicht schlafe.«
»Mir ist langweilig, Papa.«
»Dir wäre nicht langweilig, wenn du weiterschlafen würdest.«
»Erzähl mir eine Geschichte. Eine Gute-Nacht-Geschichte.«
»Ich weiß keine aus dem Kopf.«
»Dann denk dir eine aus. Bitte, Papa.«
»Ich muss Auto fahren, Jim.«
»Wann sind wir da?«
»Jim, hör zu. ›Also hör zu‹, ... sagt der ... sagt die ... sagt die Ziege.«

»Was denn für eine Ziege, Papa?«
»Na, die junge Ziege. Die junge, neugierige Ziege. ›Ich muss mal runter hier‹, sagt sie zur alten Gans. ›Runter vom Berg. Ich will ... ich will ... ans Meer!‹«
»So wie wir, Papa. Gute Idee!«
»›Oooooh‹, sagt die Gans, ›das Meer ist weit.‹ Und sie führt die Ziege zum Fluss. ›Jeder Fluss mündet irgendwann ins Meer‹, erklärt sie der Ziege. ›Wenn du ein Boot hättest oder ein Floß ...‹«
»Platsch!«
»Jim, was war das?«

»Die Ziege, Papa. Sie hat ja kein Boot und auch kein Floß.«
»Ich wusste nicht, dass Ziegen schwimmen können.«
»Das muss sie auch gar nicht. Und die Gans auch nicht.
Ein Baumstamm treibt im Fluss.«
»Oh ja! Da können sie bequem reisen, sogar ein wenig dösen.
So wie du. Hörst du, Jim? Dösen. Und dann schlafen.
Schlafen, schlafen.«

»Hör auf so laut zu gähnen, Papa!«
»Du bist schon wieder wach?«
»Ziege und Gans schlafen auch nicht mehr.«
»Welche Ziege und welche Gans?«
»Papa, jetzt hör doch mal auf zu gähnen! Die Ziege und die Gans aus unserer Geschichte! Schon vergessen? Sie wollen sich die Stadt angucken.«
»Welche Stadt?«
»Die große Stadt am Ufer. Die beiden brauchen eine Pause, Papa.«
»Die brauch ich jetzt auch. Dringend! Ich muss mal.«
»Ich muss nicht.«
»Auf jeden Fall musst du auch.«

»Papa?«
»Ja, Jim.«
»Eine Frage.«
»Mmmmm.«
»Wann sind wir endlich da?«
»Wenn du diese eine Nacht geschlafen hast. Wenn du schläfst, vergeht die Fahrt wie im Flug. Gleich schläfst du, ja?«
»Erst soll ich Pipi machen.«
»Unbedingt.«
»Und Ziege und Gans spazieren solange durch die Stadt. Die ist echt riesig, Papa. Häuser, überall Häuser, manche bis in die Wolken! Die Ziege, stell dir vor, hat die Idee, auf eines zu klettern, weil man von sehr weit oben sehr weit gucken kann. Vielleicht sogar bis zum Meer.«

»Und, Jim? Sehen sie nun das Meer?«
»Nee. Nur Wolken. Wolken, Wolken.«
»Das ist auch ein Meer. Ein Wolkenmeer!«
»Aber sie wollen doch ans richtige Meer, Papa.
So wie wir. Wann sind wir eigentlich da?«
»Sag du mir erst, wie es mit Ziege und Gans
weitergeht.«

»Na gut. Ziege und Gans springen auf eine Wolke und lassen sich forttragen. Sie hoffen, dass sie so irgendwann am Meer ankommen. Und erst geht es auch wirklich gut voran. Der Wind treibt sie schnell weiter. Aber dann wird die Wolke auf einmal immer kleiner, weil es anfängt zu regnen.«
»Oh.«

»Keine Sorge, Papa. Die Gans nimmt die Ziege einfach huckepack.«
»Mm.«
»Hörst du überhaupt zu, Papa?«
»Klar höre ich zu.«
»Du gähnst schon wieder, Papa!«
»Du doch jetzt auch, Jim.«
»Gähnen steckt an. Aber müde bin ich nicht.«

»Papa?«
»Na, gut geschlafen? Wie geht's Ziege und Gans?«
»Die sind ohne Probleme gelandet. Und dann ... sind sie ... da! Oh, guck mal da! Papa, halt an!«
»Schrei nicht so, Jim. Ich halte doch an.«
»Und du gähnst schon wieder.«
»Weil ich so müde bin. Ich muss mich kurz mal ausruhen.«
»Und Ziege und Gans dürfen bei uns einsteigen. Sie sind bestimmt sehr müde, genau wie du.«
»Ja doch.«

»Und hungrig sind sie sicher auch, Papa.
Hoffentlich haben wir genug eingepackt.
Papa? ... Papa!«

Petra Postert, geboren 1970 in Stuttgart, studierte Journalistik, Geschichte und Kunstgeschichte in Eichstätt und Ohio/USA. Danach arbeitete sie als Redakteurin und Autorin für den SWR-Hörfunk. Heute schreibt sie Kinderbücher und -geschichten fürs Radio. Petra Postert lebt mit ihrer Familie in der Nähe von Düsseldorf.

Jens Rassmus, geboren 1967 in Kiel, studierte Illustration an der Hamburger HAW und am Duncan of Jordanstone College of Art in Dundee/Schottland. 1997 erschien mit »Bauer Enno und seine Kuh Afrika« sein erstes Buch. Seitdem hat Jens Rassmus viele weitere Bücher illustriert und geschrieben, für die er mehrfach ausgezeichnet wurde, u. a. dreimal mit dem Österreichischen Kinder- und Jugendbuchpreis. Jens Rassmus wurde 2005 für den Deutschen Jugendliteraturpreis nominiert. Er lebt in Kiel.

Besucht uns auf Facebook und Instagram!

TULIPAN-Newsletter
Tolle Lesetipps kostenlos per E-Mail!
www.tulipan-verlag.de

© Tulipan Verlag GmbH, München 2019
Alle Rechte vorbehalten
1. Auflage 2019
Text: Petra Postert
Bilder: Jens Rassmus
Layout und Satz: Tulipan Verlag, Stephanie Raubach
Druckvorstufe: bildpunkt GmbH, Berlin
Druck: Grafisches Centrum Cuno GmbH & Co. KG, Calbe
ISBN 978-3-86429-446-4